AF242432

SUR
L'INDEMNITÉ
DES ANCIENS COLONS

DE SAINT-DOMINGUE,

MÉMOIRE

PUBLIÉ

Au nom de plusieurs anciens Colons-Propriétaires résidant à Nantes.

NANTES,

IMPRIMERIE DE FOREST

QUAI DE LA FOSSE, N° 2.

MAI 1828.

SUR L'INDEMNITÉ

DES ANCIENS COLONS DE St-DOMINGUE,

MÉMOIRE

publié au nom de plusieurs anciens Colons-Propriétaires résidant à Nantes.

A L'OUVERTURE de chaque session des deux Chambres, le discours du trône indique ordinairement les principaux objets sur lesquels S. M. se propose d'appeler leur discussion.

Le discours de 1828, si noble, si plein d'espérances pour l'avenir des Français, ne contient rien de relatif à l'un des événemens les plus remarquables du régne de S. M. Charles X, l'émancipation d'Haïti, et l'indemnité stipulée en faveur des anciens colons, qui en était une des conditions essentielles. Ce silence est peut-être propre à exciter quelques inquiétudes parmi les intéressés à cette indemnité. Mais les Colons ne doivent pas craindre que leurs droits soient méconnus sous le gouvernement d'un Bourbon, si éminemment distingué par sa justice et par sa religion. Forts de la bonté de leur cause, c'est avec confiance qu'ils la soumettent à l'opinion publique dans le présent mémoire. Publier leur opinion sur une réclamation qu'ils croient juste et fondée, c'est un droit consacré par la Charte : le faire avec réserve, décence et modération, c'est un devoir dont ils feront ensorte de ne pas s'écarter.

Ils protestent d'avance de leur sincère reconnaissance pour la bonté royale, qui a cherché à leur *sauver quelques débris d'un grand naufrage*, et, quoique l'indemnité qui leur est accordée soit hors de proportion avec leurs pertes, ils conviennent que c'était peut-être tout ce qu'on pouvait obtenir en leur faveur. Ce n'est donc point sur le passé, ni sur ce qui est sanctionné par la Loi ou par les Ordonnances, qu'ils se proposent de revenir. Leur seul but est d'examiner la garantie qu'ils croient leur être due par le Gouvernement français, et les moyens de remplir l'attente qu'ils ont dû concevoir d'après les stipulations faites à leur égard.

L'Ordonnance du 17 Avril 1825 étant un des points fondamentaux de la discussion, il convient de commencer par la rapporter textuellement.

CHARLES, etc.

Vu les articles 14 et 73 de la Charte :

Voulant pourvoir à ce que réclament l'intérêt du commerce français, les malheurs des anciens colons de S.-Domingue et l'état précaire des habitans actuels de cette isle ;

Nous avons ordonné et ordonnons ce qui suit :

Art. Ier. Les ports de la partie française de S.-Domingue seront ouverts au commerce de toutes les nations.

Les droits perçus dans ces ports, soit sur les navires, soit sur les marchandises, tant à l'entrée qu'à la sortie, seront égaux et uniformes pour tous les pavillons, excepté le pavillon Français, en faveur duquel ces droits seront réduits de moitié.

Art. 2. Les habitans actuels de la partie française de S.-Domingue verseront à la caisse des dépôts et consignations de France, en cinq termes égaux, d'année en année, le premier échéant au 31 Décembre 1825, la somme de cent cinquante millions de francs, destinés à dédommager les anciens colons qui réclameront une indemnité.

Art. 3. Nous concédons, à ces conditions, par la présente Ordonnance, aux habitans actuels de la partie française de l'isle de S.-Domingue, l'indépendance pleine et entière de leur gouvernement.

Et sera, etc. Donné à Paris, etc.

Le Roi, par cette Ordonnance, abandonne sa souveraineté sur une possession lointaine, et cela dans des vues d'intérêt public : il agit en vertu des articles 14 et 73 de la Charte : il en avait le droit ; les Chambres l'ont reconnu, et toute discussion sur ce point serait ici des plus inconvenantes.

Mais les colons de S.-Domingue ont cru voir dans cette même Ordonnance, une renoncia-tion faite en leur nom, à leurs anciennes propriétés en faveur des habitans actuels de cette isle, et par suite une garantie implicite du Gouvernement français pour l'indemnité qui en est le prix. Sont-ils dans l'erreur? C'est ce qu'on se propose d'examiner.

On voit dans le préambule de l'Ordonnance qu'un des principaux buts qu'elle se propose, est de *pourvoir à ce que réclame l'état pré-caire des habitans actuels de S.-Domingue.*

Or quel était *cet état précaire?* Sans doute celui de leur Gouvernement, inquiet sur les droits imprescriptibles que la couronne de France conservait et pouvait faire valoir par la force des armes. Mais n'était-ce pas aussi celui des individus Haïtiens détenteurs des propriétés usurpées sur les anciens colons? *État* ainsi *doublement précaire*, et auquel *pourvoit* complétement l'Ordonnance, en con-cédant *l'indépendance pleine et entière du Gouvernement* d'Haïti, sous la condition im-posée *aux habitans actuels* de verser 150 mil-lions destinés à dédommager *les anciens colons.* Ce n'est point un tribut imposé au nouveau Gouvernement d'Haïti envers la couronne de France ; c'est *une indemnité* stipulée en faveur des *anciens propriétaires*, payable par *les habitans actuels* détenteurs de leurs biens, et c'est peut-être un des motifs pour lesquels la charge leur en est nominativement imposée. Leur Gouvernement en est à la vérité responsable ; mais parce que c'est *une des conditions* de son émancipation.

L'Ordonnance pourvoit donc à tout :

1° Aux *intérêts de la France*, qui abandonne une de ses colonies, en stipulant des avantages pour le commerce français.

2° A ceux des *malheureux colons*, au nom desquels elle prononce une renonciation à leurs anciennes propriétés moyennant une indemnité qui en est réputée le prix.

3° A la sécurité des *habitans actuels*, en émancipant leur Gouvernement, et en les confirmant dans les propriétés dont ils sont détenteurs, à la charge d'en payer la valeur présumée au moment de l'émancipation.

Cette interprétation est naturelle, et ne semble laisser aucun doute sur l'initiative prise par le Gouvernement français dans la renonciation des anciens colons de Saint-Domingue à leurs propriétés.

L'exposé des motifs de la Loi du 30 Avril

1826, prouve encore que cette renonciation est une des conséquences nécessaires de l'Ordonnance.

Voici d'abord ce que présente l'exposé fait à la Chambre des Députés :

Après avoir évalué les anciens produits de S.-Domingue à 150 millions ; les produits actuels à 30 millions, sur lesquels déduisant la moitié pour les frais de culture et autres charges de la propriété, il reste pour la part des *propriétaires du sol* un revenu net de 15 millions ; Son Ex. le Ministre des finances ajoute : « La valeur des biens fonds » dans les colonies se calcule sur dix années » de revenu : 150 millions nous ont donc » paru la somme qui pouvait être exigée, » comme le montant dû aux anciens colons » auxquels la concession de l'indépendance » du Gouvernement d'Haïti enlevait la chance » de recouvrer leurs propriétés par suite du » rétablissement de l'autorité du Roi à S.- » Domingue ».

Tout ici est clair et précis : le Gouvernement, en renonçant à sa souveraineté sur S.-Domingue, *enlève aux colons la seule chance de recouvrer leurs propriétés* ; il renonce donc pour eux à ces mêmes propriétés. Et cela est si vrai, qu'il en détermine, lui-même et sans le concours des anciens propriétaires, la valeur à l'époque de la renonciation; il en impose le paiement à ceux-là mêmes à qui l'abandon doit être profitable : *aux habitans actuels* de S.-Domingue, et non à leur Gouvernement.

L'exposé des motifs à la Chambre des Pairs est peut-être encore plus positif. Il y est dit en parlant de l'indemnité des colons :

« Ce n'est point un secours donné par l'E-
» tat ; ce n'est point une réparation accordée
» à des malheurs depuis long-temps, irrépara-
» bles ; c'est le prix des droits éventuels qu'au-
» raient eu à exercer les colons, si le Roi eût
» rétabli, par la voie des armes, son autorité
» à S.-Domingue ».

Or le Roi renonce au *rétablissement de son autorité* ; il renonce donc en même-temps, au nom des colons, à *leurs droits éventuels* sur leurs anciennes propriétés ; et il en stipule *le prix*, comme on l'a vu ci-dessus.

Enfin la loi du 30 Avril 1826 vient appuyer ces raisonnemens.

L'art 2 n'admet à réclamer l'indemnité que *les propriétaires de biens fonds situés à S.-Domingue*, les seuls biens qui soient aujourd'hui entre les mains des *habitans actuels*, et auxquels il soit possible de renoncer, toutes les anciennes valeurs mobilières étant réputées péries, ou ne constituant plus une propriété.

L'art. 8 porte que *l'indemnité sera délivrée aux réclamans par cinquième et d'année en année*. Il n'y a aucune clause de restriction; la délivrance n'est point subordonnée aux versemens que doivent faire les Haïtiens. Bien plus, ce même article 8 va jusqu'à prévoir un excédant ou un déficit sur *les derniers cinquièmes*, dont il détermine *la répartition*.

On voit que dans l'Ordonnance du 17 Avril 1825, dans l'exposé des motifs de la Loi de 1826 et dans la Loi elle-même, tout se suit, tout est conséquent : le Gouvernement fait au nom des anciens colons l'abandon de leurs propriétés; il en régle le prix, fixe les termes du paiement, le promet aux ayant-droit de la manière la plus positive. Il prescrit le mode de réclamation, nomme les commissions, et enfin prononce, dans l'article 48 de l'Ordonnance du 9 Mai, que les titres produits par les parties resteront déposés aux archives de la Marine et des Colonies, c'est-à-dire, que les titres de propriété ne seront point rendus aux anciens propriétaires. Et pourquoi cette dernière disposition, si ce n'est parce que désormais ces titres ne leur seront plus utiles, puisque le Gouvernement a renoncé pour eux à leurs propriétés ?

Une telle série d'actes semble donc la démonstration la plus complète que le Gouvernement français a pris l'initiative dans l'abandon que les colons doivent faire de leurs biens, au moyen de l'indemnité qui en est réputée le prix.

Si l'on s'est attaché à établir cette initiative, c'est qu'elle est le point fondamental de toute la discussion, et qu'elle a pour conséquence nécessaire, *une garantie implicite* de l'indemnité stipulée en faveur des colons. En effet, le résultat de l'Ordonnance du 17 Avril 1825 et de la Loi du 30 Avril 1826, est de leur faire perdre tout espoir de jamais recouvrer leurs propriétés. On conviendra, si l'on veut, que cet espoir s'affaiblissait de jour en jour. Mais leurs espérances mêmes étaient une sorte de propriété, d'autant plus sacrée que c'était celle du malheur, et la seule consolation qui leur fut restée. Pouvait-on en disposer pour y substituer des espérances que la non-garantie de la part de l'Etat, rendrait tout au moins aussi incertaines? Or dès l'époque de l'Ordonnance, il était facile de juger que les Haïtiens ne pourraient pas s'acquitter suivant les conditions qui leur avaient été primitivement imposées ; ne serait-ce donc pas faire injure au Gouvernement de S. M., que de supposer qu'il n'aurait voulu présenter aux malheureux colons que des espérances illusoires ? Et n'est-il pas plus grand, plus généreux, plus digne de CHARLES X, d'admettre que dès ce moment la pensée royale était de suppléer à l'impuissance des Haïtiens ?

Cette garantie d'ailleurs, si elle n'a pas été admise ouvertement par les Chambres, semble du moins l'avoir été tacitement ; puisqu'un honorable membre, M. DE CAMBON, ayant proposé d'ajouter à l'article 1er de la Loi, ces mots : et *sans aucune garantie par l'Etat*, son amendement fut rejeté. Et les motifs donnés par M. HYDE DE NEUVILLE sont bien remarquables : « Décider, dit cet honorable membre, comme » le demande M. DE CAMBON, que l'Etat ne garantira aucunement l'indemnité aux co- » lons, ce serait les mettre hors la Charte, » hors la Loi fondamentale. Expropriés par » l'Etat, ils ont droit à ce que l'Etat leur » garantisse l'indemnité applicable à cette ex- » propriation ».

Les colons de S.-Domingue se croient donc fondés à considérer l'Ordonnance du 17 Avril 1825, comme une *renonciation* faite en leur nom à leurs anciennes propriétés ; d'où s'ensuit *la garantie* du Gouvernement français pour l'indemnité qui en est le prix ; et cette garantie entraîne *l'obligation* de satisfaire aux engagemens contractés envers eux. Ces déductions, rigoureusement justes entre particuliers, cesseraient-elles de l'être parce qu'il s'agit d'une affaire entre l'Etat et les gouvernés ? Non sans doute, et surtout sous un Roi dont le caractère distinctif est la justice et la loyauté.

Il ne reste donc plus qu'à rappeler les engagemens contractés envers les colons, et à examiner quels peuvent être les moyens d'y satisfaire.

150 millions ont été promis aux anciens colons de S.-Domingue, en cinq termes égaux d'année en année à compter du 31 Décembre 1825 : le paiement en a été imposé aux habitans actuels de cette isle, et ils n'ont versé jusqu'ici que le premier terme, au moyen d'un emprunt onéreux, remboursable dans l'espace de 25 ans. Outre cet emprunt, dont une faible partie tout au plus est remboursée, ils doivent cent vingt millions pour les quatre derniers

termes ; la moitié en est échue depuis le 31 Décembre 1827 , et l'autre moitié doit échoir dans moins de deux ans.

Il est maintenant reconnu que de pareilles charges sont de beaucoup au-dessus des ressources actuelles d'Haïti. Mais de ce que les Haïtiens ne peuvent pas s'acquiter suivant les conditions qui leur avaient été primitivement imposées , il ne s'ensuit point qu'ils ne pourraient pas le faire *dans un temps plus éloigné et avec d'autres conditions.*

D'un autre côté les engagemens primitifs contractés envers les colons ne peuvent être changés ; ils ont été sanctionnés par la signature la plus auguste , la plus sacrée pour tous les Français , la *Signature Royale* ; c'est désormais un droit acquis ; et toute stipulation nouvelle qui tendrait ou à reculer les termes, ou à diminuer le capital promis , ne pourrait avoir lieu sans injustice.

Le moyen de tout concilier serait donc une Loi qui substituerait le Gouvernement français aux droits des anciens colons de S.-Domingue. La Libération d'Haïti deviendrait une affaire de Gouvernement à Gouvernement. Les termes pourraient en être reculés et calculés suivant les ressources actuelles et futures du pays ; enfin toute stipulation nouvelle, tout changement aux conditions primitivement imposées, pourrait avoir lieu sans blesser la justice et l'équité, puisque *les anciens colons seraient désintéressés*, et que le Gouvernement disposerait de *sa chose propre.*

La substitution du Gouvernement français aux droits des anciens colons le rendrait à la vérité ouvertement responsable des 120 millions qui restent à verser pour leur compte à la caisse des dépôts et consignations. Mais ce capital pourrait être remplacé par des valeurs équivalentes ; et celles qui semblent se présenter le plus naturellement sont une création de six millions de rentes 5 p^r o/o inscrites à leur profit ; savoir : *trois millions* correspondant au 2e et au 3e termes échus ; *un million et demi* en 1829, et *un million et demi* en 1830, pour les deux derniers termes. Car si les engagemens contractés envers les colons doivent être maintenus, ils n'ont pas de leur côté le droit de demander qu'on en rapproche les échéances.

Cette création de rentes paraîtra peut-être intempestive dans un moment où l'Etat est obligé d'accroître sa dette pour satisfaire aux besoins que les circonstances exigent. Mais il faut observer qu'il ne s'agit point ici d'imposer au trésor public une charge purement gratuite : les colons abandonnent en retour une créance dont le Gouvernement devient propriétaire, créance qui ne peut, et qui n'a même pu dans aucun temps, être considérée comme chimérique, puisque toutes les propriétés cédées en sont le gage et que le Gouvernement d'Haïti a le plus grand intérêt à l'acquiter, vu que c'est une *des conditions essentielles de son émancipation*; puisqu'enfin elle a été sanctionnée par le Roi. Il est présumable que les Haïtiens en paieraient au moins les intérêts jusqu'à parfaite libération, et peut-être même à 6 p^r o/o au lieu de 5. Le Gouvernement français n'aurait donc avancé aux colons que son crédit et sa garantie, et même avec quelques chances de bénéfice.

Ce qu'on vient de dire est appuyé par une lettre du 5 Mars dernier insérée dans plusieurs journaux; elle est souscrite par un colon, qui, quel qu'il soit, paraît être instruit des ressources d'Haïti. On y lit ce qui suit : « le Gouvernement de ce pays promet » de fournir chaque année 6,500,000 f. *au* » *moins*, et il promet même d'augmenter an- » nuellement cette somme au fur et à mesure » de l'augmentation *présumable et certaine* » de ses revenus ».

Or si d'un côté le premier emprunt d'Haïti doit chaque année lui devenir moins onéreux par la diminution des intérêts de la portion du capital remboursé annuellement; et si d'un autre coté l'augmentation de ses revenus est *présumable et certaine*, cet Etat doit arriver bientôt au point de satisfaire sans peine aux intérêts des 120 millions dont il serait redevable envers le trésor de France, et peut-être même, d'être dans le cas d'amortir chaque année une partie de ce capital.

Cette lettre contient d'ailleurs des réflexions fort justes sur l'avantage qu'aurait Haïti de n'être pas obligé de recourir à de nouveaux emprunts, et sur les considérations politiques qui exigent peut-être que le Gouvernement de France soit substitué aux droits des anciens colons; considérations auxquelles il serait possible d'en ajouter d'autres. Mais ces réflexions s'appliquent également au système de la lettre et à celui du présent mémoire, puisqu'ils ne diffèrent guères que dans la création de la rente correspondant au capital qui reste dû. Cependant on pense que celui qu'on propose ici est beaucoup plus conforme à la justice et à l'équité; car l'auteur de la lettre convient lui-même qu'en donnant aux colons du 3 p.ʳ o/o au pair, ils ne recevraient aujourd'hui réellement que 84 millions au lieu de 120 millions qui leur sont dûs ; tandis qu'en leur donnant du 5 p.ʳ o/o , ils recevraient des valeurs représentant véritablement leur capital intégral.

La cause des colons est belle à défendre, parce qu'elle est juste ; leurs droits leurs paraissent évidens, et ils se flattent qu'ils paraîtront tels à tous les esprits ; ils pensent même qu'il y a dans tous les Français un tel sentiment de générosité qu'il n'en est aucun qui ne consentît à un sacrifice pour dégager la signature royale, et pour soulager les victimes de la catastrophe la plus terrible de la révolution. Mais ils croient avoir fait voir qu'il n'y aura pas lieu à demander un pareil sacrifice. Ils attendront avec confiance les mesures qui ne peuvent manquer d'être prises relativement à l'indemnité stipulée en leur faveur, et ils sont bien convaincus que ces mesures, quelles qu'elles soient, n'auront d'autre but que de répondre à des espérances justement conçues, et d'accomplir les intentions bienfaisantes de S. M. envers une des classes les plus malheureuses de ses sujets.